"Vacía"   Amanda Libre Rain

"Vacía"   Amanda Libre Rain

VACÍA

Amanda Libre Rain 2018

Autora:
Amanda Libre Rain.

Bibliografía de la autora:
"Esencia" 2018
"Perdón amigo mío por morir" 2018
"Vacía" 2018

Edición y maquetación de texto:
Miguel Ángel Muñoz Rivera.

Edición y maquetación de portada:
David Sicilia.

VACÍA

-Prólogo-

Surgió en mí el meditado afán de vaciarme de todo aquello que enferma mi interior y, por ende se manifiesta externamente, puesto que el mal del que hablo, va destruyendo al tiempo núcleo y corteza de esta tierra: mi ser, fieramente aventado por el deleznable e indeleble espectro del maltrato.

Un monstruo, afincado para siempre en la memoria, y es esta una entidad que curiosamente se congracia más con los malos momentos que con la bonanza vivida (si es que la hubo).

Por tanto este nuevo título: "Vacía",
representa el simbolismo de una utopía, de
un conato de lanzar al más profundo de los
abismos los malditos recuerdos que a tiempo
póstumo, todavía hacen que mires debajo de
la cama por si está allí escondida la razón de
tus miedos, y buscar como una asustada niña
el socorro de una muñeca fiel para abrazarla.

Qué ironía, ¿no? Sentirse más segura
por apretar contra tu seno un pedazo de
plástico con trenzas.

Un auxilio inexistente en mi caso que,
no es otro, que el de una mujer madura que
cuando el implacable y mórbido ente
despierta, solo tiene como adalid la soledad.

Un cuerpo que, sumido en su ascetismo te recuerda cada día al mirarlo todo aquello que colma el vaso que quieres vaciar. Pero, este recipiente no es granero de sanos flujos, sino que está atestado de todos los estigmas producidos por los "gloriosos" años del improperio, la copula sin consenso, el vilipendio y como premio a la muda sumisión:
La tunda diaria, nacida simplemente porque sí.

Quizás haya actuado como una ilusa al querer ser la viva pretensión de quedarme "Vacía". Eso es lo que la mayoría de mí estará pensando en el instante en que lee estas líneas.

Siento desilusionaros pero, no. Sabía aunque me lo negara a mí misma que esta iba a ser una batalla perdida antes de comenzar, pues nadie puede borrar de un plumazo su historia, ni siquiera la muerte porque, creo firmemente; que si existe un alma que viaja al llamado más allá, llevará a ella adheridos todos esos sucesos, dado que, sin más remedio los habrá vivido junto a la torturada carne que los sufrió.

Pero, ¿es esta una lid perdida al cien por cien?

No, de ninguna manera. Este nuevo libro me ha servido de desahogo emocional, sentimental y álmico; y, además, pienso que su contenido podría servir como guía o forma de hacer que se levanten todas aquellas personas tocadas por la cruel gracia del maltrato, independientemente de su sexo.

Claro está que como mujer que ha pasado por ello, yo, lo he enfocado más a la mujer pues es lo que soy, pero, soy consciente de que también deambulan por este sendero del malvivir que es el maltrato, hombres, más de los que podéis imaginar que sufren este castigo, incluso conozco algunos que en sus momentos más bajos han venido a pedirme consejo, conocedores de lo por mí pasado.

Tengo la esperanza de que este libro: "Vacía", os sirva de ayuda u os aporte algo de oxigeno.

A los que sufrís este tipo de asfixia: ¡Adelante, el mundo es vuestro, reaccionad, levantaos y vivid!

Amanda Libre Rain 2018

"Vacía"   Amanda Libre Rain

"Vacía"   Amanda Libre Rain

"Vacía"   Amanda Libre Rain

Índice

"Vacía"   Amanda Libre Rain

"Vacía"   Amanda Libre Rain

COMO TUMBA SIN GRAMA

Vacía del aguante
diario a otra persona,
del suspiro vacía
tierra al flanco en la fosa.

Vacía del vacío:
¡Huera, diáfana, cosa!
Piedra sin sentimiento
como un libro sin hojas.

De colores vacía
desgarraron la rosa
para la vida inocua,
solo fragancia hermosa.

La vaciaron entera
desde espina a corola,
y a su cáliz vacío
lloraron mariposas.

Como lloran la muerte
del vástago perdido
quedándose vacías
las madres amorosas,
de ser, de alma y sino,
de fe, de tierra y cielo,
despojadas de lágrimas
como albas sin rocíos.

Me miro y soy desierto
sin sol ni arenas blancas,
vacía; así me encuentro
como tumba sin grama.

SI NO HAY HORAS

Cómo acabar tan lejos del comienzo
de adorno el carillón no marca el ciclo,
cuando me hago retiro siempre miro
sabiendo que se fue lejos del tiempo.

El verdín renegado ya del giro
le declara la edad al engranaje,
y así mi soledad vive ignorante
de dónde será fin, dónde principio.

Cómo acabar tan lejos del comienzo
si no hay horas diciendo que te has
ido.

EL TEMOR DEL RECUERDO

Hay una sombra enorme que me
cubre
y al hacerse reflejo es solo miedo,
ha sido de esta vida mi trofeo
que el sueño mi pasado lo perturbe.

Hace ya muchas lunas que fui cima
de masculino rol incluso diva,
no permiten los años verme limpia
del pesaroso manto que me abriga.

En vigilias le ordeno que se aleje
que no dañará el frio a quien fue sierra,
recibiendo la luz en monte y peña
y la luna al calor de algún ternero.

Hoy soy noche desnuda y sudorosa
cuyo único temor son los recuerdos.

LA PALMA ME LLEVÉ

Por què si puse todo de mi parte
y convencida estoy de que así fue,
por qué si fui de Amor fiel estandarte
mi vida en un quizás se echó a perder.

Solo le queda al sol aniquilarme
mejor que lo haga antes que yo a él,
porque me elevaré y en mi viaje
quiero solo la luz que pueda ver.

Por prisa ser a todo llegué tarde
y por tarde vi solo anochecer,
y por noche fue solo la luz tenue
lo más cerca que fui de amanecer.

Si insano es codearse con la sombra
entonces yo la palma me llevé.

TESTIGO DE LOS GOLPES

Desnuda me encamino al pie de la
escalera
donde las libertades mueren en la
primera
de las elevaciones donde tabica y
huella
fuerzan al contoneo mis gastadas
caderas.

Y en los quince peldaños procesa el
pensamiento
tanto como he sufrido para llevarme
esto,
este dúplex ruidoso por su cercanía al
centro
ajado de mis males donde fui solo un
cuerpo.

Pero la vida obliga y que volver a él
tuve
para volver a verle, a mi monstruo de
noche
ahora no me golpea, no le grita a mi
nombre,
no me escupe su ira ni me endosa
reproches.

Aunque lo sé muy lejos... vuestro dios
sabrá donde
me aterra la subida testigo de los
golpes.

PESOS MUDOS

Comienza mi vivir cuando la luna
al cielo va dejando su lamento,
retiro obligatorio y el lucero
se para en este cuerpo sudoroso.

En el jadeo dono a la carrera
todo lo que no digo y que me sobra,
sin cuestionar si es buena o mala obra
los reos que en el ritmo se liberan.

Cuando me voy parando siento el
nudo
desecho, y mi ser miro algo más grato,
como sacada piedra del zapato
libera de su carga al dedo incómodo,
se siente la razón que al ejercicio
le deja por diario pesos mudos.

EN MALA LEÑA

Cayó mi juventud en mala leña
que con sañudo fuego me marcó,
como al ganado un sello de por vida
para que nunca olvide qué pasó.

Del alma los estigmas no se borran
como la tempestad no tacha al sol,
y el paño que me cubre muestra taras
una por cada día de prisión.

Se avivan en día incierto los rescoldos
pero en las cicatrices no hay dolor,
sino que el mas herido es el orgullo
de una mujer que todo soportó.

Hoy sabe que cenizas ya no arden
pero en el cuerpo lleva su color.

CARNE INCRÉDULA

Qué hay dentro de la luz que abduce
tanto
en su vaivén sinuoso al pensamiento,
que puedes pasar horas sin quererlo
sumida en el hogar mirando el fuego.

Quiere decirme algo en su quejido
teñido de dolor cuando crepita,
intento deducir lo que predica
pero no soy dominio de su léxico.

Lenguaje ceniciento, no te ofendas
si la luz que me asiste no te llega,
quizás sea un día prenda de tu hoguera
y entienda cada gesto de tus llamas,
porque de ti será la carne incrédula
que rodea los huesos de quien te
habla.

LO QUE ME TRAE DOLOR

De menos echo más de lo que quiero
mis aventadas cumbres y mis álamos,
el saludo ejemplar de algún anciano
de allí donde miré mi sol primero.

El trino y la fragancia de mi monte
donde el gastado hueso vive sano,
donde al pasar la gente nada esconde
y el respirar se vuelve un acto sacro.

De menos echo más de lo que quiero
lo que me trae dolor y a un tiempo
amo.

EL TREN DEL QUE ME APEO

Mi lengua no soporta este silencio
enorme veo la alcoba y, las heridas
me siguen fustigando noche y día
reacio es el aborto a mi sosiego.

Temblorosa entre sábanas mi lucha
cómo la ganaré si son sus armas,
las que dañaron testa, piel y alma
y muda estando todo de mí escucha.

Nunca abandonarás ser mi castigo:
Viéndome así disfrutas, ¿verdad
monstruo?
Sola y convulsionada en tu terreno
tu malvada punción más no soporto.

Mañana serás tren del que me apeo
para subir a otro que me lleva
no a perderte quizás pero sí al sueño.

SOBRE LA PIEDRA ALBA

Resueltos burocracia y papeleos
al predio donde existo me remito,
donde todas mis rosas deposito
un fragante aluvión de sueños nuevos.

Y volveré a mi origen a dar nombre
pero esta vez sin miedo a pronunciarlo,
el júbilo no pueden apagarlo
los restos de un jardín de negras flores.

Desterrarán al luto los colores
del verso al epitafio que visito,
sobre la piedra alba está mi sitio
cerca de mi verdad fuera de roles,
que jueguen a crear falsos amores
devueltos a ser voz que pide auxilio.

HUNDIDA VERTE ESPERO

Regreso y atrás mi decadencia
relego sin trabajo y sin suplicio,
que calme en otra fuente su mal vicio
de macular adrede la conciencia.

Sé lo difícil que es ser otra cosa
cuando todo se ha dado en un oficio,
pero del suyo he sido sacrificio
y ahora le toca a ella ser quien sufra.

Solo es tomar costumbre a estar callada
a no exhibir tus dotes de alcahueta,
a no traer sin pedirlas las miserias
porque quien las pasó su marca lleva.

No creo que ser muda tanto duela
hundida verte espero y sin reservas,
alejada de mí mientras revientas.

AGONIZANDO VERLA

Una voz quiere verme hundida en su
apetencia
y me hostiga, me acosa su discurso sin
tregua,
tanto la he escuchado que ya no me
consterna
se liberó la esclava, arreció la tormenta.

Una voz quiere verme pero no le doy
cita
pasó ya su momento como pasa la
vida,
acecharme es la suya, continuar la mía
aunque tenga que verla cada vez que
me diga.

Una voz, la de siempre, pretende ser
mi amiga
con embaucador tono para ser quien
me dicta,
sus argucias melosas son viejas
conocidas
nada pueden sus trampas con quien
sabe eludirlas.

Una voz va muriendo ahora solo delira
agonizando verla a mí me hace más
viva.

YA NO TE TEMO

Enfrentada al espejo me veo nueva
razón de ser, adiós del desperdicio,
que me mantuvo fija en el suplicio
de estar helada siendo primavera.

En derredor no danzan los espectros
que hicieron de estar viva una quimera,
marcharon ya tras años de una espera
que se agarró al respiro con arrestos.

La sombra miro y veo solo sombra
antes miraba y solo veía miedo
a penetrar el muro que velaba
todo mi ser de mente hasta cimiento.

Solo la fuerza unida a la constancia
de ti me liberó ya no te temo.

SANGRE HERIDA

A un hombre di de todo en
abundancia
tanto es así que me quedé vacía,
tan herida quedó la sangre mía,
como hiere al clavel el que lo arranca.

Hice de mi persona su persona
volviéndole la vida cuento de hadas,
y una noche de estrellas apagadas
cual piedra lapidó a quien le amaba.

Desengaño de amor y una vida
comitiva de desesperanza,
tan feroz como gata parida
defendiendo del can su camada.

Vuelta solo a la sierra y al hielo,
a un terrón con calzada romana,
a un tesoro por mármol celado
una tumba para la ultrajada.

LA GAMA DE MI VIDA SE MARCHÓ

Solo tendí mi mano a un vagabundo
que tan perdido andaba como yo,
fue su agradecimiento tan fecundo
que las flores de mi alma conquistó
y fue creciendo una tan esbelta
que donde yo era vista era el color.

Pero no hay día irisado sempiterno
como en azures no hay eterno sol
y a los que el vivir hace errabundos
son de fugaz lucero condición.

Abrí mis ojos a un día colorido
dado que primavera lo parió,
mi lado vacuo, armario sin enseres,
la gama de mi vida se marchó.

SIN NUNCIO VUELVEN

Llevad de mí todo lo que me falta
las flores que no tengo y tanto pesan,
los brillos de la joya que embelesan,
que no los camafeos tapan llagas.

Y son las mías ardientes como brasas
de un eterno volcán que nada apaga,
quebrada el alma está de soportarlas
con su hedor ceniciento que me
astraga.

Hiriéndome en los cambios de
estaciones
fehacientes cual la muerte si no hay
aire
absorbiendo mi tiempo, ¡ah,
invariables!

Como el atroz recuerdo indeseable
eterno portavoz de mis dolores
que cuando idos los crees sin nuncio
vuelven.

TORNARME ENCIERRO

Cuánto quisiera yo por ti cambiarme
por ser tú libertad tornarme encierro
indeleble ante mí, mi amor al negro
y la serenidad por visitante.

La suprema excelencia es quien decide
sobre hombre o mujer, y bestia, y cosa;
su inmensa excelsitud cambios no
aboga
aun siendo la agonía quien los pide.

LA CARTA GANADORA

Juega mi mente largos solitarios,
que me abandona noto la cordura
la seda que me envuelve se hace dura,
un soliloquio insomne es mi diario.

¿Dónde estará la carta ganadora
que cierre este nocturno itinerario?
Quiero pensar que está como yo, sola,
pidiendo verde paño sin atajos.

Llegará. Siempre lo hace la mañana
la luz será en los párpados cansados,
feroz, a ellos cercana: la migraña
me trae un día más, desesperado;
como sudada tierra que no brota
aun trabajada siendo hasta el desmayo.

SANGUJIELA VENGATIVA

Todavía en el amor no he visto gloria
y eso que me entregué a él decidida
me marcó con dolores de por vida
que no he de enamorarme me
recuerdan.

Y vivo su punción que me desangra
como una sanguijuela vengativa
que no puedo arrancar de mis entrañas
que más pequeñas se hacen día a día.

No saldré victoriosa en la contienda
nadie me preparó para este arte
de la guerra interior que todo invade.

Y hasta la saciedad me desconcierta
como monstruosidad de dos cabezas
mostrándose una insana y otra cuerda.

ASÍ TE QUIERO

Como la lluvia al viento
así te quiero
cada gota una parte
de mi deseo.

Que se eleva en el cielo
igual que el trino
del cortejo de aves
en el estío.

Como luna a la noche
así te quiero
y entre las sombras te amo
sin tú saberlo.

En mi almohada vierto
todos mis sueños
porque más que a mi vida
así te quiero.

MI PALABRA

A ti la del semblante macilento
a ti que me arrancaste lo que amaba
en mi alma estableciendo descontento
a ti te digo hoy me hago tu esclava:

Con la esperanza que de mí te apiades
para llevar mis manos a su cara
que vea en las caricias las verdades
cuentas que con él tiene la que habla.

Famosa no te has hecho por clemente
más se te mira loor de malas horas
acércame una sola sin demora
para un segundo verlo solamente.

Mas luego, haz de mi sino lo que
estimes
que fui virtuosa y soy por mi palabra.

CUANDO NO SABÍA NADA

Recuerdo cuando era virgen
cuando no sabía nada
del corazón las pasiones
de varones y de damas.

Fui una infancia difícil
de los juegos relegada
un perro sin su paseo
una hoja pateada.

Recuerdo que fui la hija
de maternidad borracha
abandonada a mi suerte
por mojarse la garganta.

El hombre que fue mi padre
llamado fue por la gracia
por buen padre obtuvo gloria
yo, por buena hija desgracia.

A cincuenta años de eso
aún me siento desgraciada
tanto que, cada recuerdo
abre en mi alma una llaga.

Una herida sin cauterio,
una insania sin psiquiatra,
una madurada poma
que muerde desesperanza.

Recuerdo cuando, el recuerdo
presencia se hace en la calma
que nada fui aquel entonces
y menos ahora que nada.

EXENTA DE UN PAÍS DE MARAVILLAS

Mirar no puedo a vida de otro modo
distante del que ella a mí me mira,
una visión que nunca es acomodo
quizás sentirme bien no merecía.

Gracias le doy por tanto sufrimiento
con el que fui premiada desde niña
donde hube de tratar con la rapiña
que hacerme desgraciada siempre
quiso.

Pero, querer no basta si no hay algo
que la razón otorgue al argumento
y no pudieron mundos tan protervos
vencer la rebeldía de una niña
que tuvo que buscarse su sustento
bregando y batallando entre malicia
y que ha llegado a hoy como una Alicia
exenta de un país de maravillas.

DONDE SE ALEJA LA VIDA

De los hombres nada quiero
de la vida la utopía,
del cielo las nubes grises
y cuervos por melodía.

Quiero del mar solo rocas
por sus furias embestidas,
del verdor la savia solo
y marchitas margaritas.

De los gigantes el paso
que ha de llevarme a la cima
donde el viento se hace duro,
donde ya no se respira.

De la tierra el cementerio
burgo sin noches ni días
donde cesan los criterios,
donde se aleja la vida.

MODERNA CENICIENTA

Por un príncipe azul perdí mi vida
la libertad de ser, virtud suprema
pagué las consecuencias de ser niña
creyéndose adelanto de su tiempo.

Fui todos los oficios menos reina
la lujuriosa calle fue mi reino
fui como una moderna Cenicienta
que además de limpiar vendió su sexo.

SI MUERE A QUIEN SE LO DEJAS

Un corazón no se muere
si es que de latir no deja
ni de amores ni por muerte
de aquellos que lo manejan.

Pero, si entregas del pálpito
ritmo, pulso y subsistencia
no te quepa menor duda
que la entrega es la sentencia
que hará que el latido cese
si muere a quien se lo dejas.

AULLIDO HAMBRIENTO

Creí que no mordían y tan duro
momentos dedicados al destierro
la estructura hacinados carcomiendo
del respirar, del cuerpo, del tormento.

Aplican sus certeras dentelladas
sin miramiento alguno, caballeros
expatriados; con picas afiladas
como caninos del aullido hambriento.

Adarga, fútil es ante los golpes
indefendibles, porque se hallan dentro
del núcleo, sangría del momento
traidor; torna pasado al pensamiento.

El pardo resplandor antaño hermoso
es un otoño hoy de brotes yertos
ignaro de concilios y sosiego,
no son del armisticio partidarios
viperinos enjambres del recuerdo.

TÚMULO PARA EL BRILLO

La flor se viste así cuando su tallo
sin dilación alguna, savia entrega
y un niño ve su sueño recreado:
Un barco de papel en la ribera.

La flor, canto a la vida realizado
bajo la dulce luz, la primavera
un rostro de mujer tornasolado
instintos despertándole a las fieras.

La flor, sabor afable de la brisa,
manjar bendito y cierto entre las nubes
que perezosas hoy el cielo cubren
degustar algo así no admite prisa.

La flor, en lo ulterior, real jalea
libación apreciada entre los hombres
soñar para la boca de los pobres
presidio en el jarrón de sendas mesas.

La flor, virtud extraviada entre las
manos
que creen rizar el rizo en las doncellas,
cambiando el esplendor por muerte
cierta
en azaroso andar ensortijado
túmulo para el brillo más dorado.

UNA MUÑECA FIEL

Algunas noches puedo echar de menos
las velas, las caricias regaladas
en las noches de amor premeditadas
fundidas en abrazo junto al fuego.

Entonces, veo que el precio de la vida
es sufrir por las cosas que no tengo
mas no las materiales, lo superfluo,
sino las que al pagarse te emocionan.

Algunas noches puedo echar de menos
las manos, las semillas, los aperos
que doren esta tierra mal trillada
donde solo fue arraigo el sufrimiento.

Y lloro cual la niña atormentada
por la monstruosidad bajo la cama,
sin brazos abocados por salvarla,
sin su muñeca fiel para abrazarla.

Algunas noches puedo echar de menos
el diálogo, el discurso, las palabras
que obliguen a la muerte a ser parada
en este lecho, así mi llanto al menos,
su muñeca tendrá para abrazarla.

NACIDA LIBRE

Si es que nadie te ama no sientas pena
que a toda primavera los brotes llegan,
y el arribo de vida todo lo colma
los soles alejando que irradian
sombras.

Destierra la luz nueva las soledades
sin importar distancias, sexos, o
edades;
cuando el brío desata corcel hermoso
su galope pletórico siguen los ojos.

De la visión penetra a los corazones
y de estos a la esencia vertiendo dones,
voces de acuerdos mutuos y de
apetencia
que en los gozos del alma crean
conciencia,
de agasajar la tierra que te recibe
con un ramo de anhelos que tú
escribiste.

En su fragante aura ora prescriben
para hacerte tal rosa nacida libre.

EL MISMO INFIERNO

Ténganse las murallas del escarnio
erguidas y orgullosas, poco tiempo;
el que tarden las hembras que
sufrieron
en estudiar el cómo derribarlo.

Nuevas son las que vienen a ayudarnos
a las que viejas ya su fuerza vimos,
también debilidades descubrimos
en quien nos sometía a diario.

No lucharemos mucho, porque, el
hombre
de discreción no entiende ni recato
por lo que ha de bastar con el recado
firmado por escote suculento.

Arderá de deseo en el momento
quien no distingue carne de un objeto,
babeará paseando el pensamiento
en cómo daño hacerle tras el sexo.

Aquí entramos nosotras, más sufridas,
generación de aguante casi eterno
que con flagelo y yugo aprendimos
el saber que obtendréis si os
instruimos.

Y aprenderéis, mis niñas, pues, en ello
nos va la vida a todas y queremos
un sitio en el que ser más valoradas
y de verdad amadas, sin camelos.

No temáis el volver al mismo sitio
cargadas de sapiencia que os daremos
que el miedo no camina entre nosotras
y el valor al maltrato hace pequeño.

Desplegaréis sumisas vuestro encanto
no os hará falta mucho, pues son
necios
los que creen que mujer es igual
siempre
porque probó las pústulas del miedo.

Y ahí tenéis ganada la batalla,
en lo que de vosotras piensan ellos.

Contadnos de sus sorprendidas caras
cuando entiendan que sois mortal
veneno,
que en vuestro grácil cuerpo
impregnaremos
y los acabará tan lentamente
que estimarán glorioso el mismo
infierno.

DOLORIDA GRIETA

Se cierne la derrota en las caderas
producto de una noche ajetreada,
la dolorida grieta en una cama
asida a los fantasmas y sus lacras.

Deambulan las heridas en la mente
de una más de tantas que reclaman
libertad de mostrarse reticentes
a la cópula vil no consensuada,
a libertad perdida por el dolo
que prometió de vida gran tajada
pero lleva a la entraña bastardía
ahogando a la que alumbra más la
garra,
que ahora mira más por nueva vida
que por su alma harto mancillada.

TU VENGANZA

Cuantas veces vi muerte y aquí sigo
transeúnte de un mundo inexistente
espectro que al socorro nunca asiste
y más si es una hembra quien lo pide.

Sufrió mi curso cientos de caídas
más graves unas y otras más benignas
y me curé yo sola las heridas
no consiguieron tantas mutilarme.

Fui el afán perenne a levantarme
aun mi tropezar siendo catastrófico,
hubo quien me miró como algo
indómito,
malherida me erguí ante sus ojos.

Los mismos que sentían el estruendo
de esa, la más fatal de las caídas,
la por amor jurado producida
que por mal signo toma verte viva.

Sus sorprendidas caras les delatan
no disfrutan tu suerte, mas la acatan
pensando que sus golpes sufren taras
vivir han esperando tu venganza.

INVENTARIO

Si hiciera de mis días un inventario
informe a vuestro ojos, tipo diario,
ceniciento, mugriento, viejo incensario;
pero no de perfumes hijos de Agrado.

Feroz en su agonía, injusto en trato,
impregnado de firmas de hombres
baratos.
Con trazas de locura, de lutos vastos,
de fatales momentos, de voz sin labios.

Un instante en el mundo, cincuenta
años
de los que solo queda un relicario
que hace sangrar el cuello, ¡peso
pesado!
Una mochila enorme de "hermosos"
datos.

Vive este recipiente sin ser vaciado
quién quisiera colgarse tan vil regalo
que, para ser lucido, precisa ser destino
de hombros... ¿Cuántos
prestarían su servicio por soportarlos?

Todavía me pregunto cómo he llegado
aquí para deciros:
"Todo el llanto del mundo
cabe en mi vaso".

RAMÓN: MI PADRE

Estimo solo parte de mi vida
el lapso efímero que me dejo sin arte,
no de ese que se exhibe en los museos,
sino el que consagró la suya a amarme.

El pensamiento humano es
desgraciado,
embarcación varada en lo protervo,
negra marea, lacra de mi puerto
donde la blanca espuma no halla
tiempo.

Ahogaron negras ondas la entregada
devoción hacia mí, llamada Padre
y me ocupo en a mi alma recordarle
que el mal no tachará lo que fue vida
preñada de color por todas partes.

Digno de todo loor: Ramón, mi arte.

SIGNO CERTERO

Cuando el mundo me mira
lo desafío,
signo certero
de que ya no me daña
lo que lo ha hecho.

El infierno he vivido
no tendré miedo
si la muerte me lleva
al mismo sitio.

Porque no he visto en tierras,
mares, o cielos,
nada que dé más luces
que el fuego eterno.

Acabaré triunfante mi recorrido
con el diablo al lado
como un amigo
que de memoria sabe
lo que he sufrido.

Y en el tiempo que juntos
tanto anduvimos
se convenció y solo,
de que no hay más averno
que el mío mismo.

VOLVED A SER VIAJE

Hermanas de este mundo:
¡No os quedéis quietas!
Dador de vida os hizo
flores inmensas,
para preñar la tierra
de sangre nueva.

Si os dan abrigo en vida
bogar por ella
bendita sea la muerte
de quien la entrega.

No pasará factura
gloria si es justa
por arrancar de ella
materia mórbida.

No seáis las prostitutas
de tunda al día,
que las flores los golpes
no justifican.

No os mancilléis pensando:
La culpa es mía...
Mujer. ¿Pues qué te queda
si no eres digna?

Si sonreír no os hacen
los que predican:
No pasará más nunca
tuve un mal día...
¡Volved a ser viaje
no os quedéis quietas!

NO ESTÁ YA LA TRAGEDIA

¿Por qué sigues mirando
con pavorosas lágrimas
una vidriera rota
en la puerta cerrada
si sabes que una celda
impide que se abra?

¿Eres temor, preciosa,
o estoy equivocada?

Repara los cristales
y abre las ventanas
deja marchar las fobias
que respire tu alma.

Así obré yo, querida,
y aunque no estoy curada
pues es sanar difícil
la tanto maltratada,
puedo decir que, ahora
me siento más humana.

Reparado el espejo
se alegra la ventana
no está ya la tragedia
que a cerrarla obligaba.

POR Y PARA VOSOTRAS

I

No os veáis en mí mujeres que vivís
en boato mal querido buenas horas
soy hembra que proviene del sufrir
y no me identifico con vosotras.

II

Queréis poder del mundo decidir
pero no veo coherencia, solo locas
desnudas desfilando ante el decir
que al ver vuestra actitud su mofa
asoma.

III

Iguales pretendéis ser a la carne
que solo ve una gruta entre las piernas
algunas de esa arma estáis contentas
con gratuidad ofrecerla no hace
iguales.

IV

No entendáis que cobrar debéis por
ello
quien quiera que la goce, es su carne,
pero que piense bien, no se retracte
si lo que vio trofeo está en el suelo.

V

Cuerpos para el disfrute existen
muchos:
Tesoros, regulares y fatales,
pero tened en cuenta, y nada invento
que en lechos de ebriedades todos
valen.

VI

Si un hombre de improvisto se
presenta
con flores y un perfume por verdades
no llaméis necedad y alzad la vista
que para cierta puerta esa es su llave.

VII

No mostréis vuestras armas en un día
dejadlas que respiren en el tiempo
guardad a cal y canto la que daño
capaz es de insuflar si es guerra vida.

VIII

Verdad nunca viví de ningún hombre
quizás es que soy yo cosa insociable,
caso es que ellos persiguen el
momento
y soy yo de atender a algo más grande.

IX

A una muy tierna edad me contó un
hombre:
Los problemas vendrán si te haces
grande
cuánta razón llevaba esa voz dulce
con hálito de miel : La de mi padre.

X

Os pido sensatez si queréis algo
fuera de hegemonía de los hombres
que estos sin mujer se viven pobres
y una mujer sin ellos solo vive.

XI

Yo sola conseguí dejar de lado
al que me regalaba su maltrato
y aunque la soledad ahora es mi trato
de verlo malvivir no me arrepiento.

XII

Cuando un tesoro brilla por sí solo
no necesita a nadie que lo pula
donde hay un buen comer siempre
habrá gula
que pague la vianda con desdoro.

XIII

Ejerzo yo vivir a mi apetencia
sin fijación a normas ni decretos
de un tiempo a aquí, así lo llevo
haciendo
y veo a quien acató en cementerios.

XIV

Las que por tiempo fuego hemos
vivido
del que abrasa las pieles y el adentro
sabremos batallar con el infierno
si acabamos allí, ya lo vivimos.

XV

Reinas, dejaos ya de lloriqueos
que no es llanto solución de nada
mejor remedio es enorme estaca
sita en el corazón de quien trae eso.

XVI

Tengo la sensación de que me
observan
para el trono del hombre no intereso
pero por más que vengan y me
ofrezcan
sé que más me dará el futuro reino.

XVII

Os quejáis sin decir qué habéis vivido
vilipendio, concilio o desacuerdo,
de lo que yo viví todo recuerdo
mas para qué contar a quien no es
cuento.

XVIII

Las reinas os creísteis de este cuento
por tener un gran pecho y buen trasero
ahora veis que lo cuidado con esmero
no ha hecho de vosotras mejor reino.

XIX

Creyendo que apunté no di en el
blanco
y mi disparo entró justo en el medio
pero poco hizo él por ser el medio
de honrar la puntería que hizo blanco.

XX

No sufráis en silencio
denunciad golpes
y, si acaso os ignoran
preparad bien el arma que los sofoque.

XXI

Son nuestro diario
las mujeres que mueren a manos de
hombres,
justicia en tanto,
en acabar la plaga se muestra torpe.

XXII

Lleva puesto cuidado
y nunca dones
lo que te da la vida,
al que niega la sangre a tus pulmones.

XXIII

Si veis brotar la sangre
que sea pariendo
una cosecha digna
para el recuerdo.

XXIV

Se justifica el juzgado
hombre profeso al acecho
diciendo que era su vida
lo que dejó tan maltrecho.

XXV

Fanfarrones de taberna
no me abren el apetito
pues para ejercer de hembra
no hacen falta tan machitos.

XXVI

No soy de guardar silencio
ni presta a los sacrificios
si a mí vienes dirigiendo
vete por donde has venido.

XXVII

El hombre todo no puede
aunque se lo haya creído.
¿O es que alguna vez sucede
que uno solo alumbre hijos?

XXVIII
Me despido de vosotras
y espero haberos servido
si no de ejemplo, de guía
para que venzáis el miedo.

Amanda Libre Rain 2018

"Vacía"   Amanda Libre Rain

"Vacía"   Amanda Libre Rain